So wird es gemacht:

Öffne das mini LÜK-Kontrollgerät und lege die Plättchen in den unbedruckten Deckel.

Jetzt kannst du auf den Plättchen und im Kontrollgerät die Zahlen 1 bis 12 sehen.
Beispiel: Seite 2 – **Auf dem Markt**
Nimm ein Plättchen - z.B. das Plättchen 3 und sieh dir die Aufgabe Nr. 3 an.
Wie viele Früchte sind in den Körben und Kisten?
Zähle nun die Birnen in Kiste 3!
Es sind 10. Das ist auch die Feldzahl, auf die du das Plättchen legen musst.
Lege also das Plättchen 3 auf das Feld 10 im Kontrollgerät.
Die Zahl **3** muss nach oben zeigen.

1	2	3	4	5	6
7	8	9	10	11	12

So musst du weiterarbeiten, bis alle 12 Plättchen im Kontrollgerät liegen. Schließe dann das Gerät und lege es herum. Öffne es von der Rückseite!

Wenn du das bei der Übungsreihe abgebildete Muster siehst, hast du alle Aufgaben richtig gelöst. Passen einige Plättchen nicht in das Muster, dann hast du dort Fehler gemacht. Wende diese Plättchen dort, wo sie liegen, um, schließe das Gerät, lege es herum und öffne es wieder.
Nun kannst du sehen, welche Aufgaben du falsch gelöst hast.
Nimm jetzt diese Plättchen heraus und suche die richtigen Ergebnisse! Kontrolliere dann noch einmal! Stimmt jetzt das Muster?
Bei den Aufgaben ab Seite 22 stehen neben den Aufgaben Lösungsspalten. Wenn du eine Aufgabe gelöst hast, suche das Ergebnis in der Lösungsspalte. Daneben steht die Feldzahl, auf die du das Plättchen legen musst. So arbeitest du, bis alle Aufgaben gelöst sind.
Kontrollieren kannst du dann wie oben beschrieben.

Und nun viel Spaß!

Auf dem Markt

Wie viele Früchte sind in den Körben und Kisten?

7
6
8
9
10
11

Angeln macht Spaß

Hier werden Rechenfische aus dem Wasser geholt.

7
6 + 1 =
8
9
10
11
12
11 + 1 =
9 + 1 =
4 + 1 =
7 + 1 =
3 + 1 =
10 + 1 =

Segelregatta

In welchem Boot möchtest du gern mitsegeln?

3
13 – 1 =

4
9 – 1 =

7
3 – 1 =

8
11 – 1 =

11
6 – 1 =

12
10 – 1 =

Auf dem Fußballplatz

Gleich steht es 1:0.

6
3 + 1 =
7
9 + 3 =
8
7 + 2 =
9
0 + 1 =
10
8 + 3 =
11
5 + 2 =
12
7 + 3 =

Drachensteigen

Hier gehen 12 Rechendrachen in die Luft.

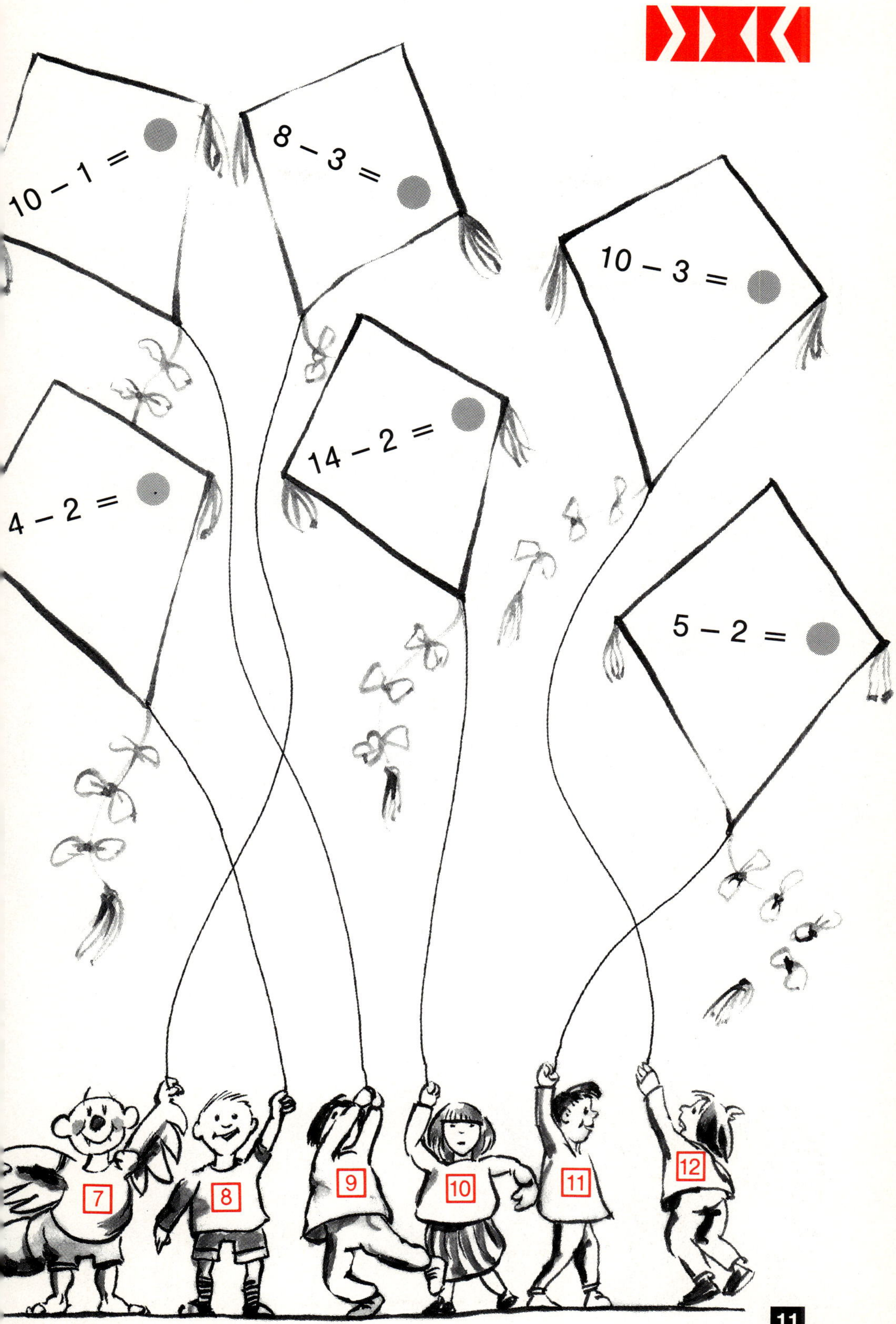
10 – 1 =
8 – 3 =
10 – 3 =
14 – 2 =
4 – 2 =
5 – 2 =
7
8
9
10
11
12

Spielzeug im Schaufenster

Womit würdest du am liebsten spielen?

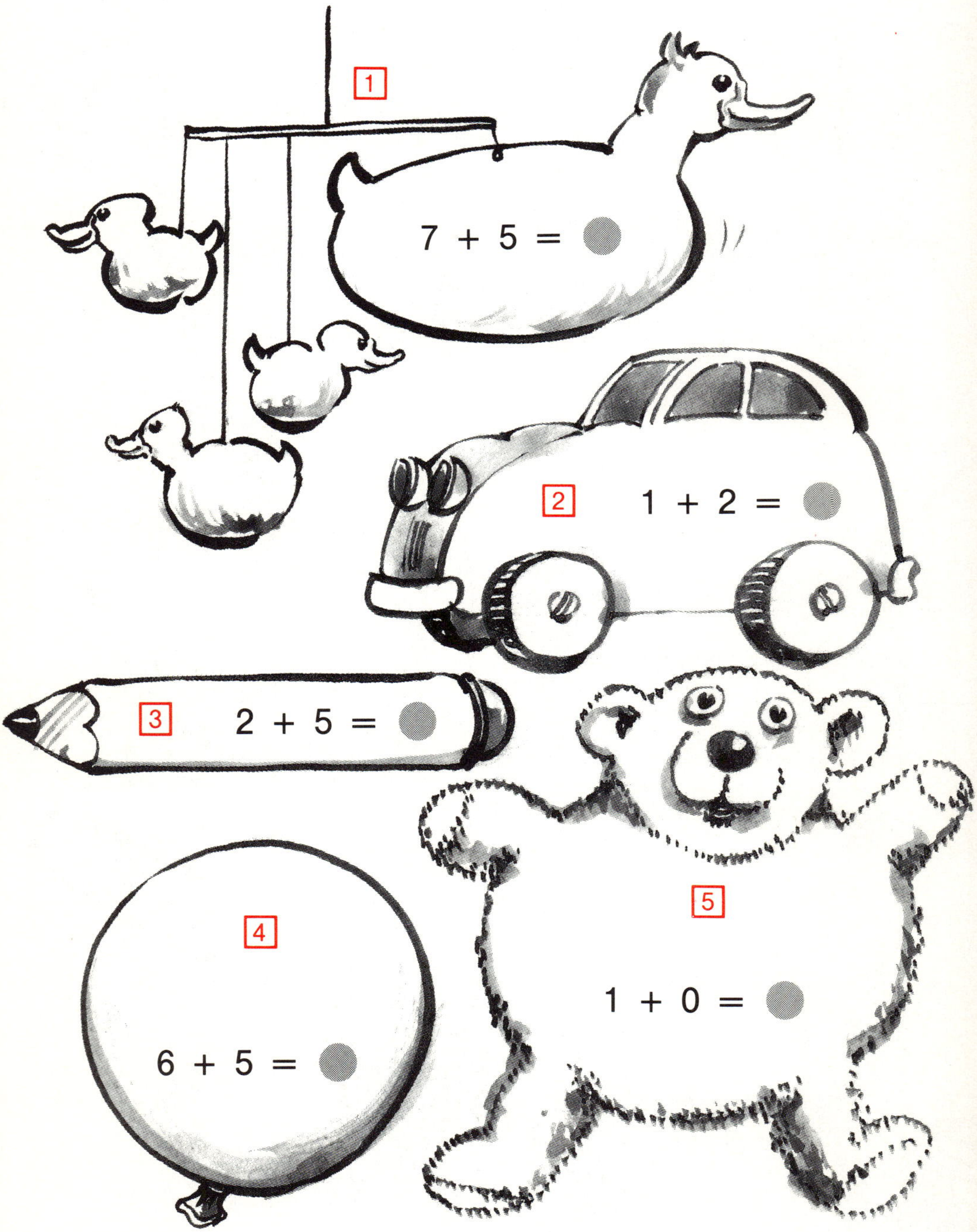

6
2 + 2 =

7
1 + 4 =

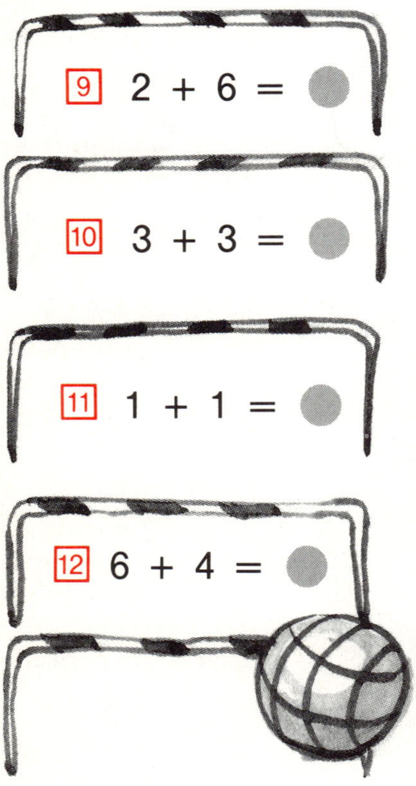
9 2 + 6 =
10 3 + 3 =
11 1 + 1 =
12 6 + 4 =

8
4 + 5 =

An der Wurfbude

7 — $10 - 2 =$ ●

8 — $12 - 3 =$ ●

9 — $9 - 4 =$ ●

10 — $6 - 5 =$ ●

11 — $13 - 2 =$ ●

12 — $13 - 3 =$ ●

Tauziehen

Wie viele Kinder fehlen jeweils auf der linken Seite?

1  $1 + \bigcirc = 13$

2  $2 + \bigcirc = 12$

3  $2 + \bigcirc = 9$

4  $4 + \bigcirc = 9$

5  $7 + \bigcirc = 8$

6  $1 + \bigcirc = 10$

7 

$3 + ● = 14$

8 

$5 + ● = 9$

9 

$2 + ● = 4$

10 

$3 + ● = 9$

11 

$2 + ● = 10$

12 

$4 + ● = 7$

Schattenbilder

Was gehört zusammen? Schau genau und rechne!

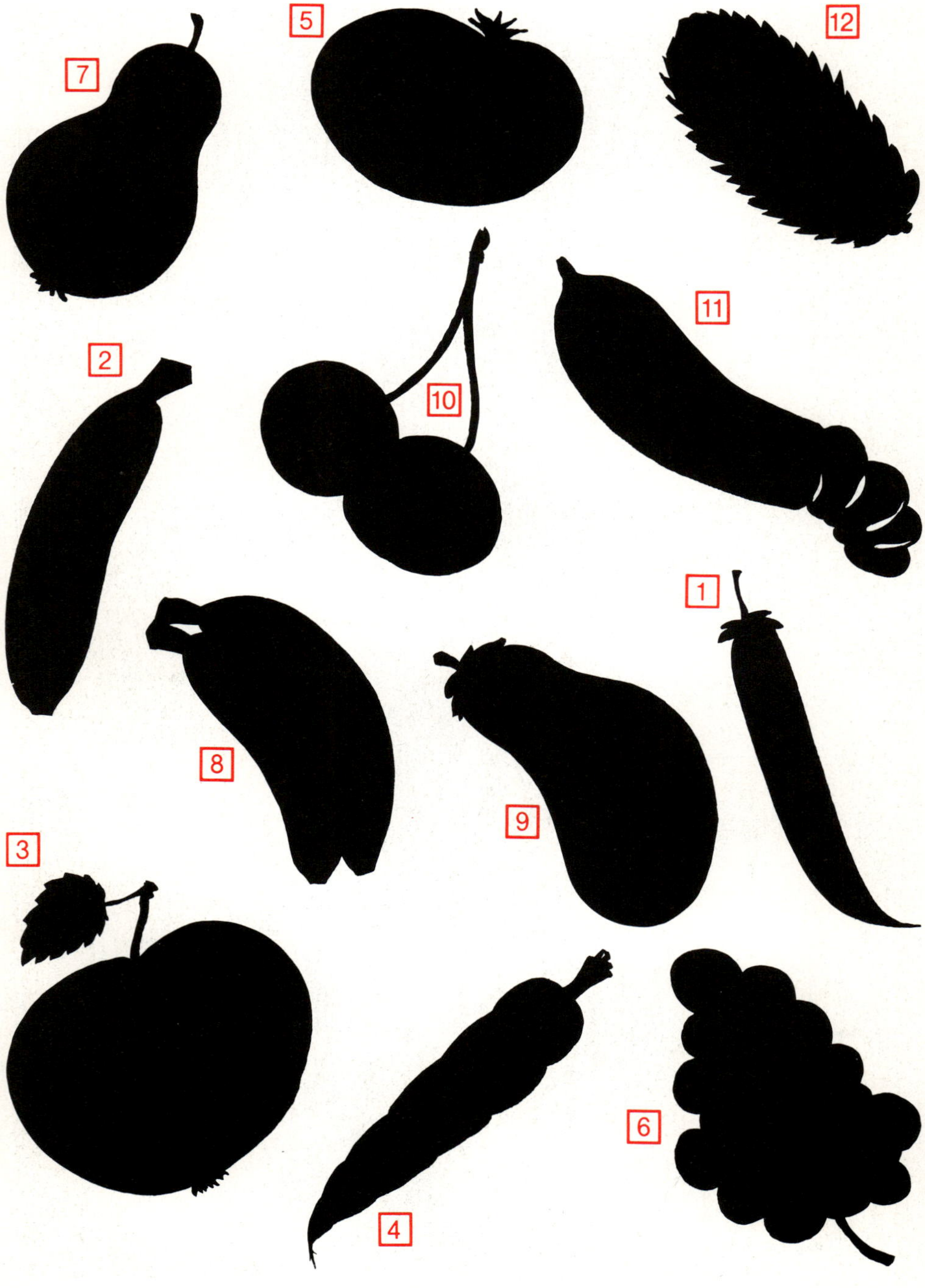

7 – 4 =
6 + 5 =
2 + 2 =
11 – 3 =
9 – 7 =
14 – 4 =
7 + 5 =
1 + 4 =
11 – 4 =
2 + 7 =
10 – 9 =
4 + 2 =

Was ist genauso groß?

Schau genau, dann weißt du, was du rechnen musst!

2 + 0 =

13 – 2 =

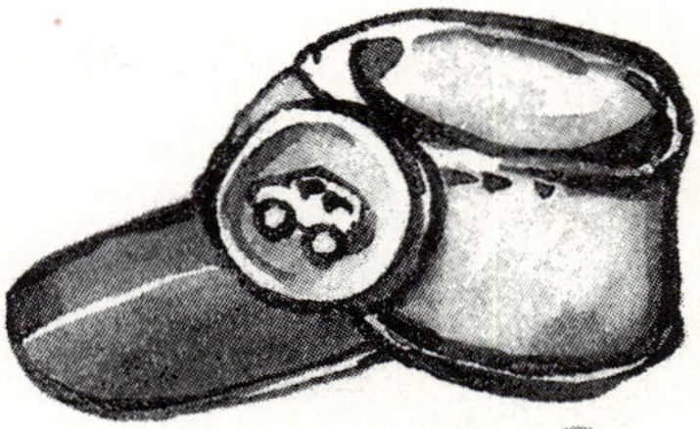

11 – 5 =

13 – 1 =

1 + 2 =

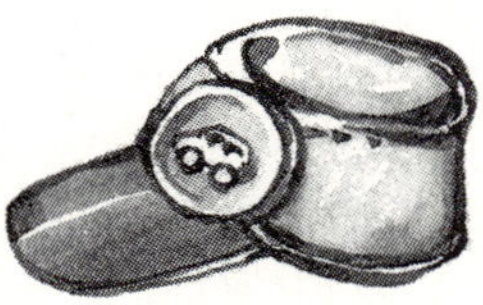

1 + 0 =

9 – 4 =

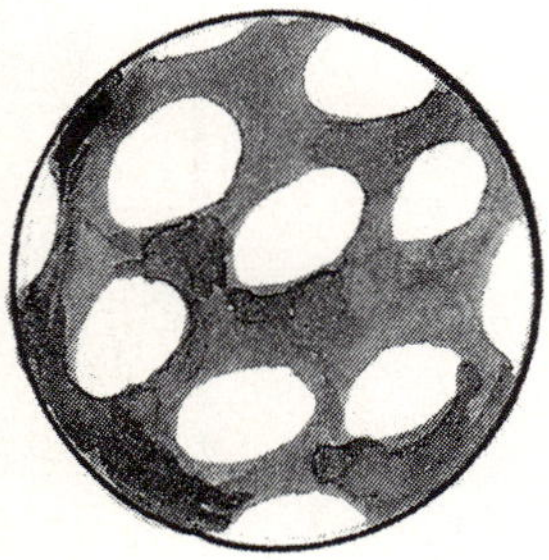

10 – 3 =

5 + 4 =

6 + 4 =

10 – 2 =

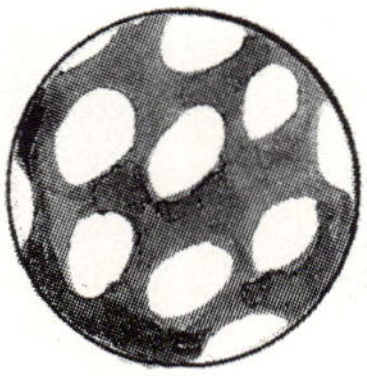

0 + 4 =

Unser Dorf

Aufgepasst!
Ab jetzt musst du
die richtige Antwort
in der Lösungsspalte suchen.
Lege das Plättchen
auf der dazugehörigen
Feldzahl ab!

Lösung		Feld
8	→	1
9	→	11
10	→	3
11	→	2
12	→	12
13	→	5
14	→	10
15	→	6
16	→	7
17	→	4
18	→	8
19	→	9

4
5 + 3 =
5
6 + 8 =
6
8 + 5 =
3 + 6 =
7
12 + 4 =
8
5 + 7 =
9
4 + 6 =

Bunte Luftballons

Hoffentlich platzt keiner!

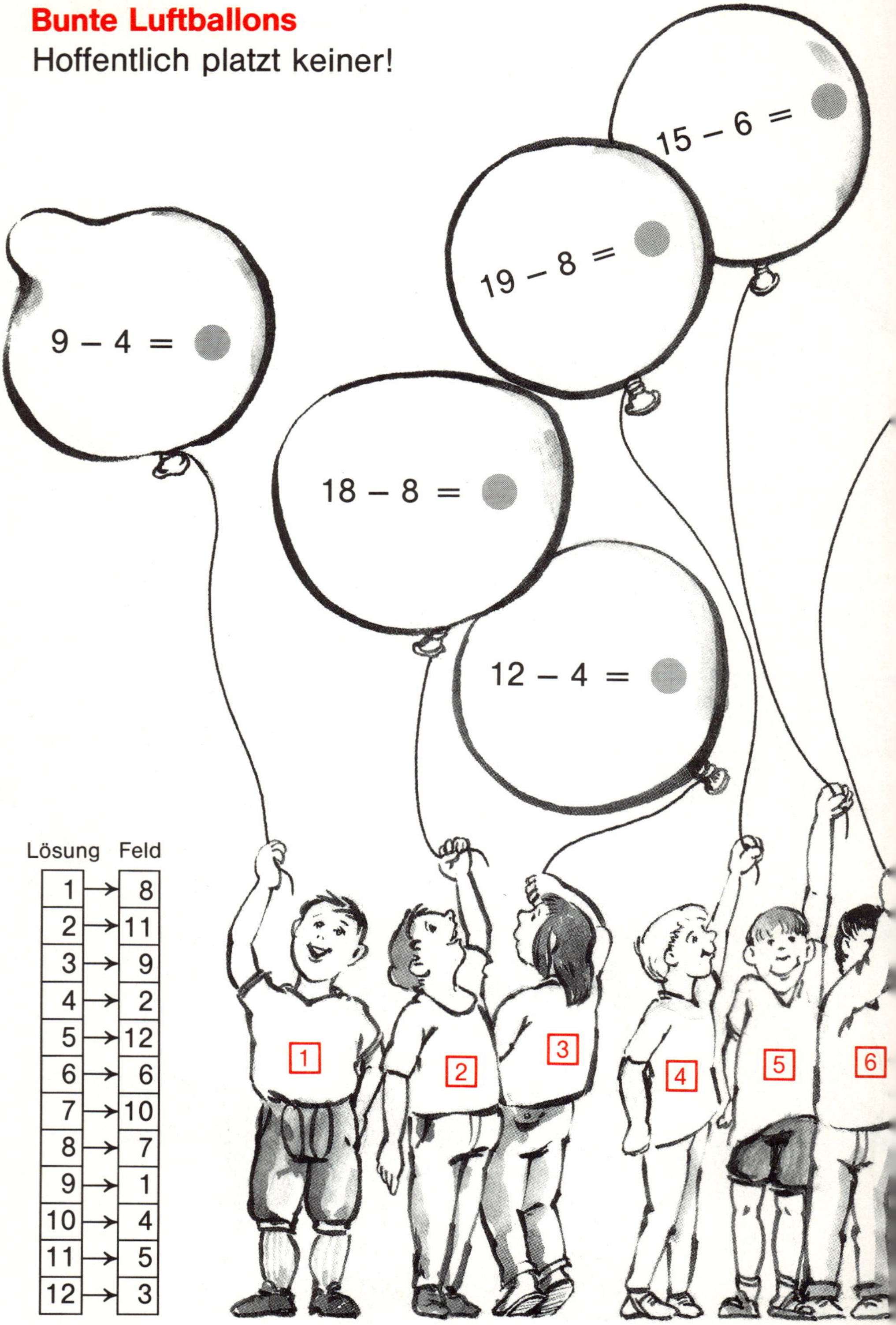

Lösung		Feld
1	→	8
2	→	11
3	→	9
4	→	2
5	→	12
6	→	6
7	→	10
8	→	7
9	→	1
10	→	4
11	→	5
12	→	3

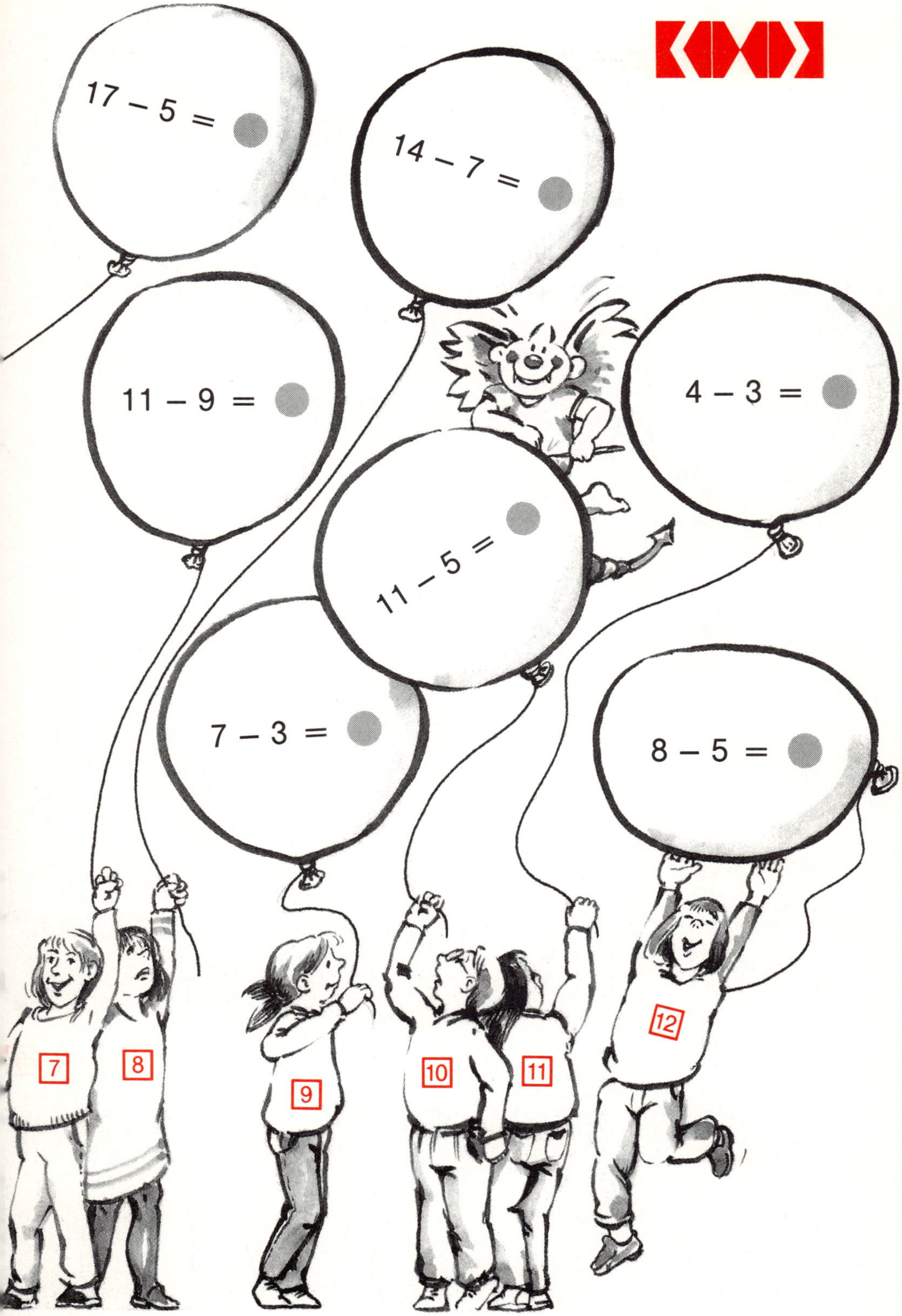
17 – 5 =
14 – 7 =
11 – 9 =
4 – 3 =
11 – 5 =
7 – 3 =
8 – 5 =
7
8
9
10
11
12

Lauter Waagen

Wie viele Kugeln musst du auf die linke Schale legen, damit die Waage im Gleichgewicht steht?

3 + ● = 7

3 + ● = 14

5 + ● = 10

4 + ● = 16

1 + ● = 9

4 + ● = 14

Lösung		Feld
2	→	6
3	→	12
4	→	3
5	→	11
6	→	9
8	→	5
9	→	2
10	→	1
11	→	8
12	→	4
13	→	7
14	→	10

7

3 + ● = 17

8

6 + ● = 15

9

8 + ● = 10

10

2 + ● = 8

11

5 + ● = 8

12

7 + ● = 20

Was gehört zusammen?

Ordne richtig zu, dann weißt du, was du rechnen sollst!

8

9

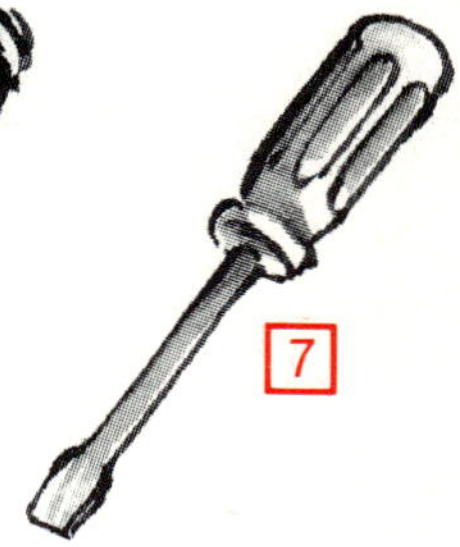

7

3

1

10

2

12

Lösung		Feld
3	→	1
4	→	12
5	→	5
7	→	7
9	→	8
10	→	2
13	→	4
15	→	11
17	→	3
18	→	9
19	→	6
20	→	10

4

11

5

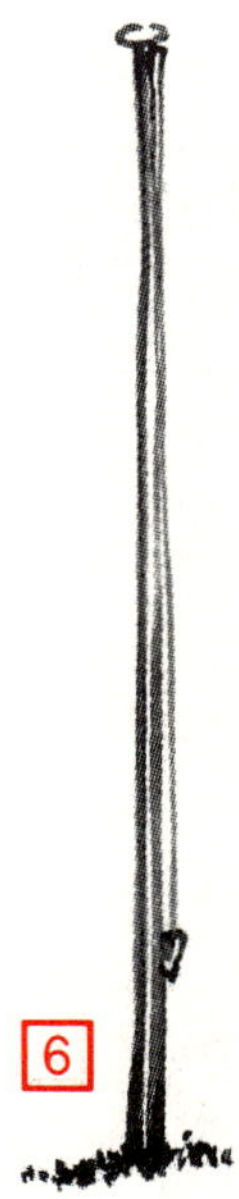

6

 8 + 7 = ●	 12 + 7 = ●
 4 + ● = 11	 3 + ● = 6
 11 + 7 = ●	 14 + 6 = ●
 2 + ● = 6	 4 + ● = 9
 9 + 8 = ●	 7 + 6 = ●
 2 + ● = 11	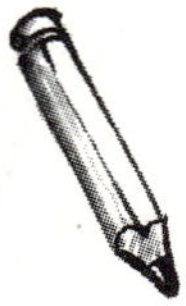 2 + ● = 12

Fahrradpuzzle für Durchblicker

Setze die Bilder richtig zusammen und löse die dazugehörigen Rechenaufgaben!

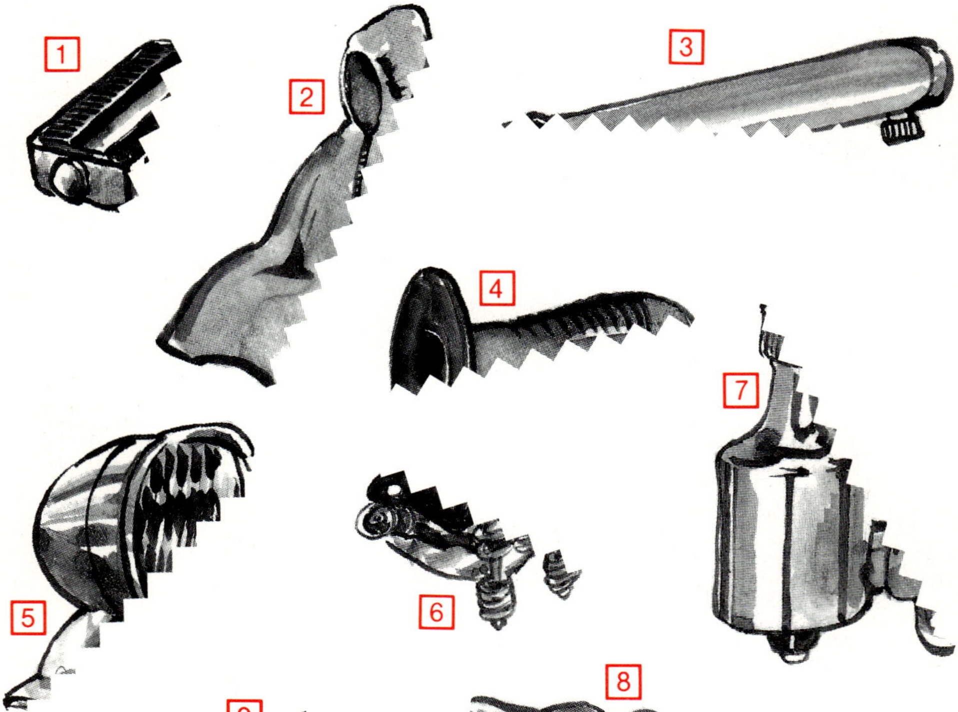

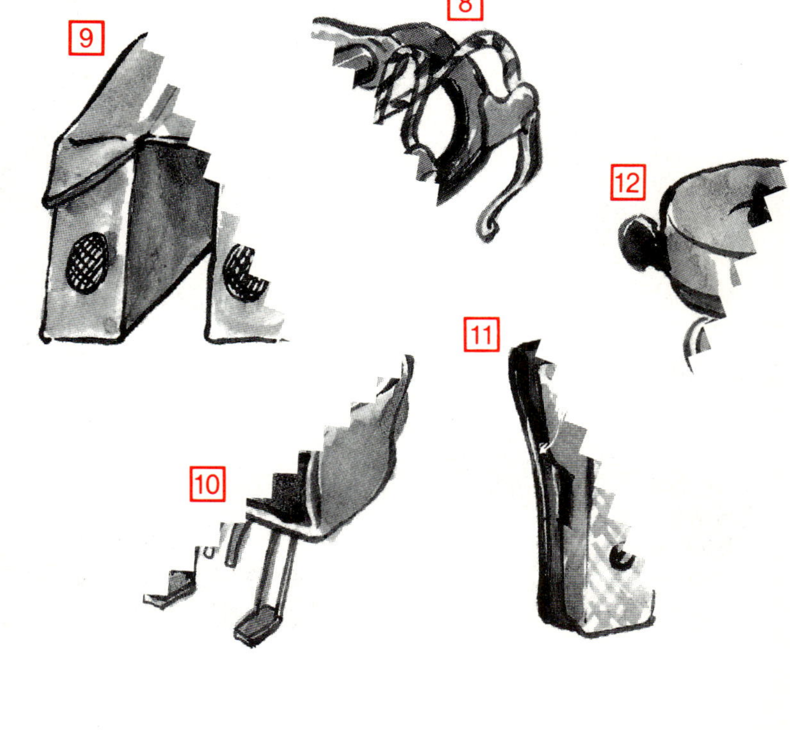

Lösung		Feld
1	→	3
2	→	8
3	→	7
4	→	9
6	→	4
7	→	10
13	→	5
14	→	6
15	→	2
17	→	12
18	→	1
19	→	11

13 + 5 = ●

5 + ● = 12

14 + 5 = ●

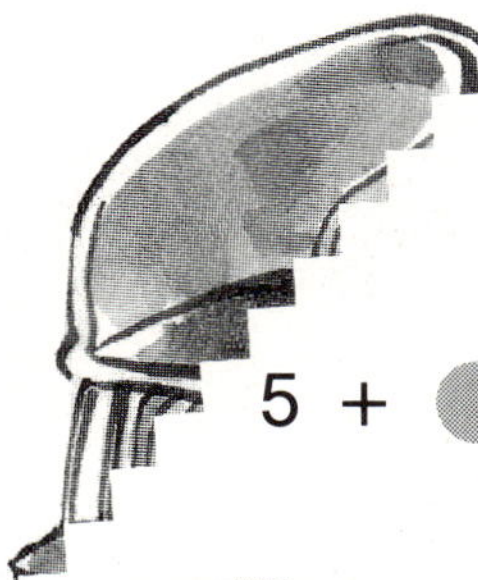

5 + ● = 8

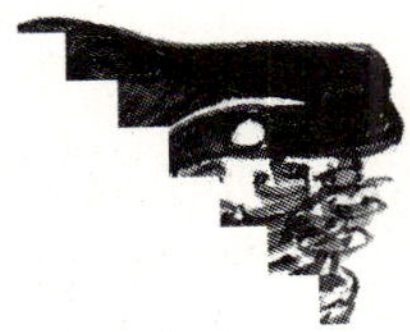

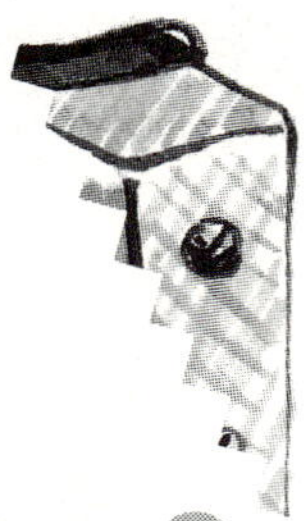

10 + ● = 11

6 + ● = 12

4 + 9 = ●

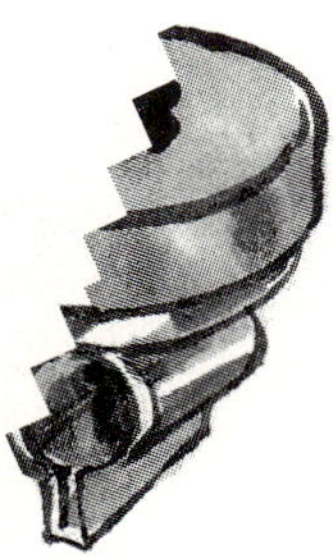

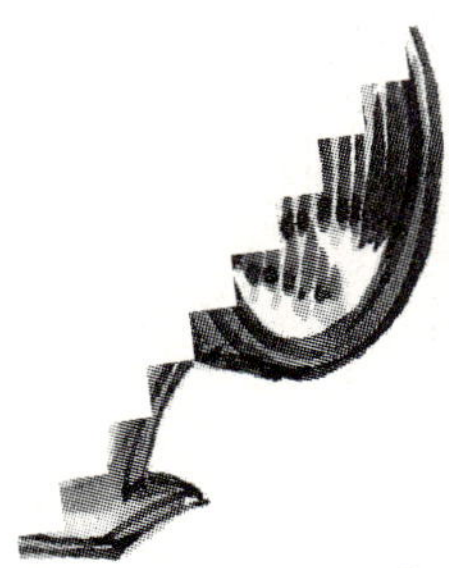

12 + 3 = ●

6 + ● = 10

9 + 8 = ●

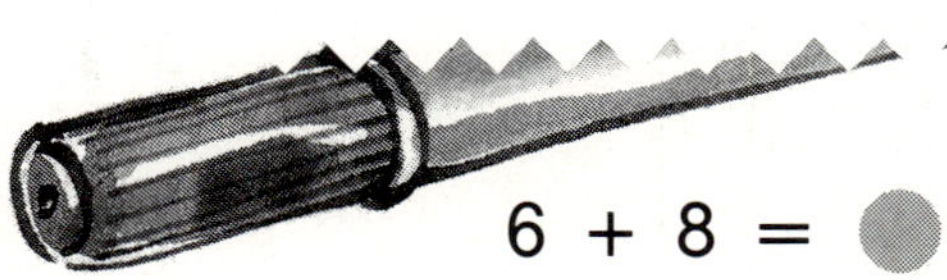

8 + ● = 10

6 + 8 = ●

Übe auch mit dem
mini LÜK-Übungsheft
Der kleine
Rechendrache 1
ISBN 3-89414-**231**-6